Freu di met!

Pleseärege Geschichten
föar jung en ault

van Wilhelm Buddenberg

Titelgestaltung: **Martin Schröer, Getelo**
Herstellung und Verlag: Books on Demand GmbH, Norderstedt
ISBN 3-8334-3730-8

Wie ich immer wieder hörte, soll mein erstes Büchlein »Kaalchen un Lieschen« vielen Menschen Freude bereitet haben. Möge das auch bei diesem zweiten Büchlein so sein, den Lesern - jung und alt - zum Lachen oder Schmunzeln oder auch hin und wieder zum Nachdenken.

Ich habe wieder in unserem schönen Grafschafter Platt geschrieben und wiederhole meinen Wunsch, daß auch durch dieses Büchlein unser Platt weiterhin wachgehalten und neue Freunde finden möge.

Vull Pleseär!

27. Juli 1981

Freu di met
Wilhelm Buddenberg

Heinrich un Mina bint hoaste fievuntwinteg Joahr traut. Wu dee bäiden 's oawends gemütlek bimeka sitt', seg Mina: »Heinrich, wie mott' nu ock is moal owerleggen, woar wi unse Sülwerne Hochtied fieren un well wi alle inladen willt.«

»Och«, seg Heinrich, denn altied Geckhäiten in' Kopp hef, »dat hef noch wal'n bettien Tied. Loawe d'r noch men fiev Joahr met wochten, dann fiere wi unsen dattegjöahregen Krieg.«

Et hadde al'n paar Dage reegent. Dat Weär was soa schlecht, dat'm nich 'nen Hund noa buten jagen mug. Bi'n Dokter klingelde et Telefon. Kampmanns ut de Aule Piccerij röpen an, dat de aule Baas krank was un al sijnt 'n paar Dage in Berre lag met Seärte in' Kopp un in de Bost. De Dokter sull doch gawwe kummen.

Noa 'ne Stunde was de Dokter doar. Hee unnersochde em, gaf em 'ne Spritze un verschreew em Medizin. Wu he weär goahn woll, sä de aule Baas: »Dokter, dat i bi dit schlechte Weär foart kummen bint, dat reckne ick u heel hoch an.« »Ick sall't u ock hoch anrecken,« sä de Dokter lachend un güng.

»Wat schenks du dien Kaalchen morgen to'n Geburtsdag?« »Ick hebb up Stund gin Gäild, wat te koapen. Men et is moj ant Freesen. Van oawend geete ick 'n paar Emmers Water noa buten, dann hef he morgen 'ne moje Schlinderbahn.«

5

Harm kwamp ut de Karke. Hee was'n bettien kottge-dräjt, want Dina, sine Frau, hadde em seggt, hee sull noa de Preeke nich eärst in de Weärtschup goahn, weil se foart noa't Etten up Vesite wollen. Dat paßde Harm gar nich.

Wu hee weär in Huus is, frog Dina: »Hef de Pestoar gut preekt?« »Joawall.«

»Woar dann ower?« »Ower de Sünde.«

»Un wat hef hee seggt?« »Hee was d'r tegen.«

De Frau hadde al 'n paar Dage Seärte in de linke Bost. Et woll nich better wodden, doarüm föahrde se eenes Morgens noa Nethoarn, üm sick unnersöken te loaten. Van' Bahnhoff günk se in de Stadt un kwamp gawwe an't Schweeten, want et was 'nen heeten Sommerdag. Gut, dat se bloß 'ne dünne Bluse antrocken hadde.

In de Hauptstroate sóóg se 'n Schijld DR. WALTER. Dat Wort NOTAR owersóóg se in de Drockte. Doar men in! De Dokter was noch alleene. Se tröck foart de Bluse ut, bevöar he wat seggen kunn, ün sä: »Dokter, ick hebbe heel schlimme Seärte in de linke Bost.« De Dokter makt grote Oagen, geht'n paar Tree trügge un segg: »Liebe Frau, ich bin Doktor der Rechte.« »O, o,« segg de Frau, »wat is't doch 'n Spill, föar ider Bost 'nen Dokter!«

»Stell di vöar, Jan is ut 'nen twinteg Meter hogen Boam fallen.«

»Dat is ja schlimm. Hef he sick dann seär doan?«

»Och nee, hee was eärst 'nen halwen Meter hoch klettert.«

De Frau was bi'n Dokter wesst. De Mann frogg: »Wat hef he seggt?« »Datteg Mark.« - »Nee, ick meene, wat du hat hes.« »Twinteg Mark.« - »Wat bis du doch 'ne dumme Frau. Ick meene, wat di fehlt hef.« »Tien Mark.«

Jan sit met Albert in de Weärtschup. An'Dis tegenan sitt 'nen frömden Mann un kick altied weär unner'n Dis un unner de Stöhle. »Wat mag denn Keärl wal söken?« frogg Jan. »Sine tien Mark.« »Woar wess du dat van?« »Ick hebb se funden.«

Jan un Albert hebbt is weär in de Weärtschup setten un hebbt moj eenen in de Krone. »Ick döff gin Söpien meär drinken, ick seh alles düppelt,« seg Jan.

Do haalt Albert de Knippe ut'n Tück, reekt Jan 'nen Tienmarkschien un seg: »Hier bint de twee Tien-markschiene, dee du mi kottens lehnt hes.«

Zagers hebbt tien Kinner, un dann geht et d'r mangs 'n bettien groff to. De Moder mott de Arbäit in Huus alleene doon, un dat wast eär mangs ower'n Kopp.

De Lehrerin is upfallen, dat Dina sönnen schlechten Geröck an sick hef. Se gef Dina 'nen Breef met föar sine Aulers, dat se dat Wichien is richteg waschen sullen.

'n annern Dag gef Dina de Lehrerin 'nen Zettel, woar de Vader up schrewen hef: »Unsere Dina ist keine Rohse. Sie sollen ihr nicht riechen, sie sollen ihr lernen.«

Kaalchen is bi Oma in Schüttrup up Besök. 's noamiddags kump he in de Köcken un seg: »Oma, hes du 'n paar Groschen föar mi?« »Wat wis du doar dann met?« »Och, doar buten steht 'nen aulen Mann an' Hook up de Stroate.« «Dat is ja moj, dat du denn aulen Mann wat schäinken wis. Is et dann 'nen Bädler?« »Nee, he hef 'n kläin Wächien bi sick un verkoff Eis am Stiel.«

Gert und Albert hebbt 'nen Prozeß tegen meka. Eenes guden Dags seg Gert to sinen Advekoat: »Ick hebbe 'ne gude Idee. Ick bin doch Jäger, un wenn ick nu weär 'nen Hasen scheete, dann schäinke ick em unsen Richter. Ick däinke, dat ick minen Prozeß dann wal winne.«

»Alle miss, do dat bloß nich. Dat näimp de Richter di quoad, un du kriggs den Prozeß vöar de Buxe. Ick segge di nochmoal: Schäinke em ginnen Hasen.«

Noa 'n paar Dage winnt Gert sinen Prozeß. »Ja,« seg he to sinen Advekoat, »ick hebb denn Richter ja ock 'nen Hasen schaunken. Aber - in Albert sinen Namen.«

Lange Tied gaf et in Nethoarn 'nen Mann, denn 's morgens an' Bahnhoff de Bild-Zeitung verkoffde. To dee Tied föahrden de Lö noch met'n Zug. Denn Mann rööp dann, wenn denn Zug ankummen was un de Mäinschen ut'n Bahnhoff strömden, de Schlagzeilen ut de Krante, dee he sick ock mangs sölws utdachde.

An dissen Morgen rööp he: »Großer Schwindel - achtzig Opfer!« Ick däinke: »Doar mosse meär van

wetten. Sull d'r weär wat pesseärt wesen in Bonn?«
Ick lese un lese, men ick finde nix ower Schwindel.
Denn Kerl ropp alle noch verdann un verkoff natür-
lek flieteg wider. Ick pack em bi de Maue un segge:
»Ich habe extra die Bild-Zeitung gekauft, finde aber
nichts über Schwindel.« Hee kick mi groot an, segg
gin Woart, dräit sick üm un ropp: »Großer Schwin-
del - einundachtzig Opfer!«

»Segge is, woarüm hes du dien Auto van eene Side
brun un van de annere Side grön spritzen loaten?«
frogg Albert.

»Ja,« seg Jan, »Köpfchen, Köpfchen! Wat meens du,
wu de Tügen vöar't Gericht ant Strieden bint, wenn
ick is moal 'nen Unfall hebbe.«

Gert un Jan föahrt tesammen an de Nordsee. Bi
Norddeich seht' se et eärste Moal in eär Lewen up't
grote Meär. Jan seg: »Kerl, wat'n Water, soawiet et
Oage reekt, alles Water. Dat hack nich dacht.« »Ja«,
seg Gert, denn de högere Schole besocht hef, »un dat
is bloß de Oberfläche.«

»Morgen hebb ick Geburtstag«, seg Dina to eären
Freund Heinrich, »du kunns mi wall wat Mojes
schäinken foar de Hande, föar'n Hals of föar de Oah-
ren.« Heinrich: »Gerne, Dina, wat föar 'ne Seepe
bruks du dann?«

De Schosteenfeger hadde bi de Pestoar dree Schosteene fegt, dat kost' tesammen twalf Mark. »Wat, soa vull?« wunnert sick de Pestoar, »i hebbt doar ja noch ginne halwe Stunde Wark met hat.« »Ja, ja«, seg de Schosteenfeger un kloppt de Pestoar up de Schulder, »wie Schwatten, wi verdeent et Gäild licht, nich?«

Heine, 'nen jungen Bur, kump is weär duun ut de Weärtschup. He trefft de Pestoar, denn Heine anhault un met em futert. »Heine, du suss dien Gäild lewer spoaren un an dine Frau un dine Kinner däinken. Do't doch wu de Kohne, dee höart up, wenn se genog hebbt.«

»Ja, Pestoar,« seg Heine, »met Water kunn ick dat ock.«

Froger was't noch nich soa gut wu vandage tüschen de Evangeelschen un de Ketholschen, dee hier ock wall de Roomschen nömt wott'. Tegen de evangeelsche Karke in Nijnhus wunde 'nen Scheärbaas, ketholsch, denn 'ne grote Katte hadde.

Soaterdagoawend - et was noch nich heel düster -kump de Pestoar in de Karke. Hee blif stoah un lüstert: Klapp! Klapp! Klapp klapp! »Is da jemand?« »Och, Herr Pestoar, ick bin hier, de Frau van' geestleken Windmaker.«

»Was machen Sie denn da, warum schlagen Sie denn auf die Bänke?« »Herr Pestoar, ick mag d'r nich van höaren. Hier is 'ne Katte in de Karke.«

10

»Das ist doch nicht so schlimm. Lassen Sie sie hier. Morgen früh öffnen Sie beim 7-Uhr-Läuten die Tür, und dann läuft sie wohl raus.« »O nee, Pestoar, dat geht nich, dat geht up ginnen Fall. Wat sull unsen Leewen Herr wall seggen. Et is 'ne ketholsche.«

Jan hadde sine Alosi verloaren. Hee sochde se owerall un hadde ock 'ne Annonce in de Krante setten loaten, men hee kreeg se nich weär. »Wat is äigentlek ut dine Alosi wodden,« frogg Albert.

»'n Waisenkind is d'r ut wodden.« »Wat, 'n Waisenkind? Wu meens du dat?« «Ja, see wott van 'nen annern uptrocken.«

Jan was bi'n Dokter. Et güink em nich gut, un et Etten schmakde em ock nich meähr soa recht. De Dokter meent, dat hee et met de Lewer hef un frogg: »Drink i gerne Söpies?« »O joa,« seg Jan, »vöar't Etten 'n Stück of dree, un 's oawens goah ick gerne in de Weärtschup, un dann wott' ock noch wall 'n Stück of sesse.«

»Ja,« seg de Dokter, »dat kann soa nich wieder goahn. I drinkt te vull Söpies, un Schnaps verkott' dat Lewen.«

»Ja, Dokter, dat hebb ick ock all markt,« seg Jan, »bi nix vergeht de Tied soa gawwe wu bi't Drinken.«

Jan hadde schmuckelt un kwamp vöar't Gericht in Nijnhus. Albert föahrde met. Wu alles doan un Jan frijsprocken was, frogg Albert: »Wu kanns du doch

11

soa lögen. In de eärste Verhandlung has du doch alles togewen, un vandage hes du alles offstreen.« »Ja,« seg Jan, »minen Advekoat hef mi van mine Unschuld owertügt.«

Hermann was Mürker in Schüttrup. De Baas woll em bi de Arbäit sprecken, men Hermann was d'r nich.

'n annern Dag frogg de Baas: »Hermann, woar bis du gistern tüschen elf un twalf Ühr wesst? Ick hebbe di socht.« »Ick bin bi'n Scheärbaas wesst un hebb mi de Hoare snien loaten.« »Un dat unner de Arbäitstied? Dat geht doch nich.« »Mine Hoare bint aber doch ock unner de Arbäitstied wassen.« De Baas: »Aber nich alle.«

Hermann: »Dat stimmt. Men ick hebb ja ock nich alle Hoare snien loaten.«

Albert geht vöar sien Hus up un dale un is schlimm upgeregt. 'nen Bekäinden frogg: »Wat hes du dann? Bis du krank?«

»Nee, ick bin nich krank, men ick make mi Sorgen üm mine Frau.« »Hef see dann 'ne Krankhäit?«

»Nee, 'ne Krankhäit nich. Vull schlimmer! See hef mien Auto met.«

Anton kump an de Weärtschup verbi, woar he al 'nen heelen Sett nich meähr west was. De Weärt stünd vöar de Döare un spröck Anton an: »Anton, du hes hier noch wat stoahn.« »Och, dat schütte men weg, dat is doch al lange verschaalt.«

12

»Otto, hes du't al höart? Et Liter Benzin sall weär 'nen Groschen dürder wodden.« »Dat reegt mi nich up, ick tanke altied bloß föar twinteg Mark.«

Werner is nich klook, aber 'nen strammen Suldoat, Unteroffizier. Et gif Loahn. De Kompanie steht up'n Kasernenhoff, un Werner sall dat Gäild utbetahlen, weil sinen Feldwebel krank is. He ropp: »Krause!« »Hier!« »Ackermann!« »Hier!« »Becker!« »Hier!« Ant leste van de Side steht »Übertrag!« Ginne Antwort. He ropp noch moal »Übertrag!« Weär ginne Antwort.

Do schütt' he met'n Kopp un seg: »Wat 'nen dummen Kerl, krigg et meeste Gäild un meldet sick nich.«

Jan un Albert bint lange Joahren weg wesst in't Butenland: Jan in Afrika un Albert in Alaska, bäide bi Firmen, dee noa Ölli boahrt. Nu bint bäide in Urlaub un hebbt vull te vertellen. O o, wat hebbt se alles beleewt, men kann met de Föte föhlen, dat et nich woahr is; men et höart sick doch moj an.

»Bi uns in Alaska is et mangs soa kault, dat de Buren Füür unner de Kohne maken mott', üm de gefroarene Melk in't Gedder uptedäjen.«

»Un bi uns in Afrika is't soa heet,« seg Jan, »dat wi de Hohner kault Water gewen mott', weil se anners hattgekockde Äier läigt.«

»Ja,« seg de Weärt, denn dat Lögen nich meähr höaren mag, »kenn i dat Tote Meer? Dat hef mien Vader froger doat makt.«

Jan kump met sinen Freund Ibrahim, 'nen Türken, 's oawends ut de Fabrik. Ibrahim kann noch nich gut dütsch proaten.

Wu se ower de Stroate goaht', wis Ibrahim up de Moand un seg: »Du, Jan, wie heißt sich noch Kollege von Sonne, wo hat Nachtschicht.«

'ne oareg dicke Frau stig van de Woage un verglick eär Gewicht met de Zahlen up de Wegekarte. »Nuw,« seg eären Mann, »du hes wall'n paar Pund te vull, wat?« »Och nee, mien Gewicht is heel normal. Noa de Tabelle up de Karte muß ick bloß twalf Zentimeter grötter wesen.«

Fritz un Heinrich wassen hoaste met eäre Autos tegenmeka föahrt. 'n paar Zentimeter wassen d'r noch tüschen. Natürlek föhlden sick bäide unschüjlek. See dräjt de Schiewen noa dale un bleckt sick an. Fritz: »Sett du di lewer up de Fietse. Di hebbt se et Autoföahren wall döar'n Telefondroaht bibracht, wat?« »Joa,« brüllt Heinrich trügge, »un an't annere Äinde van' Droaht was du.«

'nen Regierungsrat ut Ossenbrügge was vetteen Dage bi Willemsen inquartiert. He makde »Urlaub auf dem Bauernhof«, dat is nich soa dür. De Burenlö bint freundlek, he krigg ock gut te etten, want he schickt 's middags met de Femili an de Toafel, un van morgens bis oawends gef et wat te kiken in de Ställe un up de Wäide. Denn hogen Roat was best tefree.

Men noa'n paar Dage kreeg he doch Langewile un woll wal gerne 'n bettien helpen. Dat paßte de Bur gut, un hee lööt em Eärappel utsöken: in eenen Korf de dicken un in 'nen annern Korf de kläinen. Noa dree Stunde kump de Bur weär. Hee hadde al dree Foar Meß noa't Land bracht. Verwunnert kick he up de Körwe, dee noch nich half vull bint. Sunder dat hee denn hogen Baas wat seggt hadde, sprüng denn up un rööp: »Das halte ich nicht aus, diese ewigen Entscheidungen, das ist ja noch schlimmer als bei der Regierung in Osnabrück.«

Lacht hef de Bur nich, want he woll denn Mann nich argern. Wenn denn Regierungsrat is weär Langewile hadde, dann settde de Bur em up de Peärewage un gaf em de Line in de Hand. Nu kunn he sunder Wark de Peäre kummedeären, net wu in Osnabrück de Mäinschen, un dat geföilt em vull better.

Bernd hef bäide Arme un' Kopp verbunden. Gert frogg em, wat d'r pesseärt is. »Ick hebbe mi 'n nij Metoarrad kofft. Wu ick gistern van Nethoarn noa Nijnhus föahrde, kwammen mi twee Lechter temöte. Ick dachde, dat et twee Mopeds wassen, un woll d'r millen döar.« Gert: »Un wieder?« »Nix un wieder. Et was 'nen Mercedes.«

An' lesten Dag van't Joahr seg 'nen Steuerberater to sinen Kunden Gert: »Ick grateleäre di to dinen füftegsten Geburtstag. Denn Dag weet ick nich genau, men up ider Gefall is't dit Joahr soawiet west.«

»Wat, füfteg Joahr? Ick bin doch eärst achtundatteg. Wu kumms du up füfteg?«

»Ja,« seg denn Steuerberater, »ick hebb dine Steuererklärung kloar makt un van de lesten tien Joahr alles sekür noareckent. Noa dine Arbäitsstunden, dee du upschrewen hes, was du dit Joahr füfteg.«

Gert hef nix meähr seggt, men he kwamp doch wall 'n bettien ant prakkeseären.

Lieschen kump ut de Schole un bleärt. »Vandage hebbt mi de Kinner weär utlacht wegen mine roade Hoare.«

»Doar sass du di doch nich ower argern,« seg de Mama, »roade Hoare bint moj, un du wess ja ock, dat denn lieben Gott dee makt hef.«

»Dat mag wall wesen,« seg Lieschen, »men wi loat' bi em nich weär wat maken.«

Gert is oareg dick, un doar argert hee sick ower. De Dokter hef em al 'n paarmoal wat verschrewen, men et hölp nich, he bleew dick. Vandage kump he blide met de Krante in de Hand bi sine Freundin, dee ock gerne woll, dat he dünner was. »Ick föahre token Wecke noa England, un noa kotte Tied kumm ick dünn weär, dat du di wunnern sass.« »Wu wis du dat dann wall doon?« »Dat weet ick ock nich genau, men et geht heel gawwe. Hier steht doch in de Krante: Engländer verlor auf dem Wege zum Bus 30 Pfund.«

16

In de Nedergroafschup gaf et froger 'nen bekäinden Dokter. De Lö höllen d'r vull van, want he gaf sick met sine Kranken grote Möjte, wenn he ock mangs 'n bettien groff was, besünners dann, wenn de Lö sick bloß inbeelden, dat se krank wassen.

Eenes Dags kwamp Harm bi em un klagde ower Seärte in't Liew. De Dokter käinde em al sint Joahren un wüss, dat hee 'nen groten Freund van Etten was.

»Wu is't dann met dinen Appetit?«

»O, doar kann 'k nich ower klagen. De Frau sorgt ock gut föar mij. 's morgens ett ick eärst 'nen groten Täiler Brij. Wenn ick noa eene Stunde ut'n Stall kumme, gef't dat Morgenetten met twee gekockde Äier un' paar Placken Stute met Schinke of Wost. 's middags hebb ick ock altied guden Hunger. Mine Sina kockt ja ock lecker. Vöar twee grote Täilers vull met'n dick Stück Speck bin'k nich bange. Ja, un dann........«

»Höar up met dien Vertellen, ick weet genog. Treck di ut, alles, un stell di doar an de Wand.«

De Dokter geht in de annere Kamer un kump weär met'n Geweähr in de Hand. »Stell di doar hen met' Gesicht noa't Fäinster.« Doar steht Harm nu nakend met sien dicke Licham un beewt, nich van Kaule, hee beewt van Schrick. Wat sull de Dokter wall met dat Geweähr doon willen? Sachies lurt hee ower de Schulder un krig 'nen Doadsschrick: De Dokter türt met' Geweähr up em. Wat sull dat bedüden? He jammert: »Dokter, i willt mi doch nich scheeten?«

»Natürlek will ick di scheeten, nich doat, aber du fress te vull, di fehlt 'nen tweeden Eärs.«

17

Schotten hef de Dokter nich, men Harm hef em versprocken, dat he wäineger etten woll. Dat Versprecken hef he hollen, un he hadde ock gin Liewseärte meähr. Wenn he is moal butengewohn vull etten woll, sä sine Sina: »Harm, däinke an denn Schött.« Dann was he satt un höarde up te etten.

De Dokter was döar Esche föahrt. Bi'n Koapmann hadde 'nen Stohl vöar de Döare stoahn, dat was föar de Dokter et Teeken, dat hee doar ingoahn un froagen muss, woar he henkummen sull. Dat was altied soa Bruk west, dat de Lö bi'n Koapmann Bescheed gawwen, wenn de Dokter kummen sull. Se wüssen sick ock sunder Telefon te helpen.

Veär hadden Noaricht gewen, ock Kampmanns, woar de Magd krank was. Up'n Hoff stünd de Bur un vertäilde de Dokter, dat de Magd al 'n daden Dag in Berre lag. Hee wüss nich, wat se hadde. Et Etten döa eär noch wall schmaken, un ower Seärte hadde se ock nich klagt. »Dann mott ick is kieken,« sä de Dokter un günk in de Schloapkamer. »Du bis krank, hef mi de Bur seggt. Woar hesse dann Seärte? Krank söss du nich ut.« »Och, Dokter, ick bin ock nich krank, men de Bur hef mi al dree Moant gin Loahn betahlt, un do dachde ick, dat ick men 'n paar Dage in Berre bliewen woll, dann betahlt he velicht.«

Dat was föar de Dokter nix Nijes. He wüss, dat de Bur schlimm giereg was un nich betahlen woll. Un wat sä de Dokter to de Magd? »Du hes noch Plaas in dien Berre. Schick up, ick legge mi bi di, ick kriege ock noch Gäild van dinen Bur.«

Albert un Fritz goaht' in de Weärtschup, want se hebbt bäide heel groten Hunger. Wat wott bestäilt? 'n Schnitzel. Et durt nich lange, do wott' twee Schnitzel up eenen Täiler bracht. See wassen lange nich allees groot. Albert greep foart et gröttste. Do segg Fritz: »Wat bis du doch begeärlek. Ick hadde et kläinste nommen.« »Dann kanns du ja tefree wesen, du hess doch et kläinste.«

Se hadden met acht Mann kegelt un hadden alle gut eenen in de Krone. Nu güngen se te Foote döar't Dorp noa Huus. Söpies brengt Moot, un sungen wott dann ja nich te knapp. Nu brüllden se alle tehoape: »Guter Mond, du gehst so stille.« Gertoahm wott van dat Löjen wacker. He makt et Fäinster loss un ropp: »Jungs, weest verstandeg, doot et soa wu de Moand.«

In Schüttrup was vöar Joahren 'nen jungen Pestoar, denn et de Lö wall seggen mug. He argerde sick altied, dat soa wäineg Gäild up'n Kollektentäiler lagg. Et hadde bis nu nix holpen, dat he in de Preeke doarower wat seggt hadde.

Tweemoal in't Joahr preekde he up Platt. Dit Moal woll he et de Gemeende düdlek seggen: »Wenn ick u alle soa seh in uwe moje Söindagskleeder, dann froage ick mij: Woar bint unse Armen? - Un wenn ick dann later up'n Kollektentäiler kieke, dann froage ick mij: Woar bint unse Rieken?«
Et sall holpen hebben.

De Gemeende sochde 'nen nijen Pestoar. Dree hadden al preekt un wassen oflehnt wodden. Ock denn veärden pöss eär nich wegen sine äigenwillege Ansichten. De Vöarsitter van' Karkenroat argerde sick doarower. Bi de nöachste Sitzung sä hee: »Ick hebbe hier noch eene schriftleke Bewerbung. Hee schriff, dat hee nich heel gesund is, unner sine Krankhäit muss de Arbäit in de Gemeende ock mangs lieden. Hee hadde wall grote Erfahrungen as Pestoar, men hee hadde et nojt heel lange in de Gemeende uthollen, et längste was dree Joahr. Hee hadde ock gedüregan Striet hat met de Karkenlö. Men hee meende doch, dat he gut preeken kunn un denn heelegen Geest met em was. Hee woll sick Möjte gewen, wenn de Gemeende em wählen döa.

De kloken Lö van' Karkenroat schüdden met'n Kopp. Denn wolln se nich hebben, hee brukde gar ginne Probepreeke te hollen.

De Vöarsitter möök 'n tröareg Gesichte un sä: »Ick will u doch denn Namen nömen. Et was Apostel Paulus.«

Denn Karkenvöarstand günk verschaamt noa Huus. Noa kotte Tied hadde de Gemeende 'nen nijen Pestoar.

De Karkenvisitation was te Äinde. Et was alles gut offlopen. Ant leste gaf et 'n defteg Etten. Karkenvöarsitter Bernd segg: »Soa, Lö, dat hawwe hat. Et Fläis was nich toa, un et heele Etten was lecker, ock dat lesste, denn Pudding. Men wat sall dat Woart Menue bedüden bowen up de Speisekarte? Dat hebb wi doch noch nich hat.« »Doch doch,« seg Gert, »dat was bestimmt et Dischgebett.«

I könnt u wall däinken, wat de Pestoar föar Antworten verwocht hef, wu he de Kinner fröög, wat de dree höchsten Fierdage int Joahr wassen. Men Berntien sä: »Karmße, Schlachtfest un Auljoahrsoawend.«

Et is al lange leden. In Nethoarn was dat eärste grote Kino baut wodden. Up 'nen Soaterdagoawend föahrden Harm un Jenni van Bimaulten up de Fietse in de Stadt. See wollen ock ower Kino metproaten können un et is moal sehn hebben. Twee Karten hadden se kofft. In' Saal was et düster, et Spill hadde al begunnen. Dat Wicht, dat de Pläße anwiesen döa, was vöarne un güng nu up de bäiden to met de Taschenlampe in de Hand. Wu Harm in' Düstern dat Läimpien sött, segg he: »Jenni, goah an de Side, doar kump 'ne Fietse.«

Bi Hinnerk in Ringe was Driewjagd. Doar wodde dann ock altied 'nen Dokter ut Nethoarn inladen, denn nich gut scheeten kunn un doch faker meende, dat he troffen hadde. Nu hadden se weär bi't Jagen 'nen Kettel kloar, un et kunn losgoahn. Hinnerk güng tegen den Dokter. Doar, 'nen dicken Hasen! Hinnerk leggde nich an, he woll sinen Tegenmann dat Pleseär günnen. Doar kunn he nich an verbischeeten, meende Hinnerk. Den Dokter schott un segg: »Hinnerk, denn hef't aber kregen.« »Joa,« segg Hinnerk, »dat heff he: Schrick!«

Jan un Gert trefft sick noa twinteg Joahr is weär in Nethoarn. »Kerl noch is to, wat hebb wi uns lange nich sehn. Wu geht et dij?« frogg Jan. »Och,« segg Gert, »et is alles best in Odder. Mine Rika is gesund, un de dree Kinner bint traut. Se hebbt et alle gut troffen. - Un wu is't bi dij?« »Ock alles up Stee. Mine Frau is ock gesund, un de Junge - ick hebbe ja bloß eenen - stedeärt Wirtschaft.« »Wirtschaft, dat is gut,« segg Gert, »want drunken wott d'r altied.«

Soaterdags muß de Stroate keährt wodden. Dat was faker Wark föar de Mannlö, un dat döan se wall gerne, weil se dann 'n moj Pröatien met de Noabers hollen kunnen, dee ock ant Keähren wassen. De meesten Lö, dee verbigüngen, kregen 'n Woart met up de Weg: »Hes du dine Stroate al schoane, Harm? -Is dine Fenna weär gesund? - Wu was't gistern bi't Fischen, hesse noch wat fangen?« Men wenn se weg wassen, güng et verdann: »Denn keährt sine Stroate ja nojt, doar kanns'e ower de Peäreköttel fallen. -Weß du, dat Fenna gar nich krank is? Et is te leu, üm te warken. - Fischen? He hef gar ginne Angel. Höchstens 'n bettien tokieken, anners sull sine Gese em kummen.«

Soa vergüng de Tied gawwe. Ditien knurrde de Mage, he muß wat te etten hebben. He mug soa gerne Schinke up't Botterbroat. Men doar hadden Brummers upsetten un Äier leggt. Nu was denn heelen Schinken vull van Wörmpies, men kunn em nich meähr etten. Wat jammer! Sine Frau hadde em ock in' Schinkenbühl doon söllen.

Net wu Ditien doaran dachde, kwamp d'r 'ne Fietse anföahrt. Sönn Dinge hadden se noch nojt sehn. Ant Stür was 'nen kläinen Metoar, denn de Fietse

22

andreew, men brukde gar nich te treen. Doar satt sogar 'ne oareg dicke Frau up. Ditien un sinen Noaber Hermann wunnerden sick. Hoaste hadden se eäre Stroatenbessen fallen loaten. Men de Brummfietse was al weg. »O o,« segg Ditien to Hermann, »wat wott' doch alle anners. Froger satten de Brummers up de Schinken, un vandage sitt' de Schinken up de Brummers.«

»Wat is et Besünnerste an' Mäinsche?«

»Dat weet ick nich.«

»De Nöse - se hef de Flögel unnern, de Wottel bowen un de Rügge noar vöar.«

»Woar kumms du dann vandann?«

»Van't Angeln. - Öale.«

»Wuvull hesse dann fangen?«

»Nich eenen!«

»Woar wess du dann van, dat du Öale fangen hes?«

Jan hadde Schulden, dee he nich betahlen kunn. Doarüm frogg he sinen Freund Heine, of he em dreedusend Mark lehnen kann. Dat kann Heine nich. »Dann kanns du doch Borge föar mi wesen. Du hes 'n groot Hus un seggs bi de Bank gut föar mi. Dann gif de Bank mi dat Gäild, sunder dat du wat betahlen moss.«

Heine hadde 'n gut Hatte un woll wall gerne helpen,

wenn he men kunn. Hee unnerschreew 'n Breefien, un doar was't gut met. Wat eenfach! - Eenfach? Dat hasse di dacht! Noa'n gut Joahr kreeg Heine 'nen Breef van de Bank, dat Jan bankrott was un Heine de dreedusend Mark betahlen muß. Gin Mäinsche kunn em helpen, ock sinen Advekoat nich, he muß betahlen. Dat was 'n gut Leährgäild.

Een Joahr later kwamp 'nen annern Freund bi em, denn tweedusend Mark van em lehnen woll. »Ja,« seg Heine, »dat Gäild kanns du wall van mi kriegen, wenn du doarföar sorgs, dat de Bank d'r gut föar seg.«

Et hef twee Dage schnijt. Harm un Gert trefft sick in't Dorp. »O o, wat'n Schnee. Dat hewwe lange nich hat,« seg Harm. »Nee,« seg Gert, »dat mags du wall seggen. Men stell di vöar, bi minen Noaber Lübbers lig düppelt soavull Schnee wu bi mij.« »Dat glöaws du doch sölws nich, dat gif't ja gar nich.«

»Doch - sinen Hoff is düppelt soa groot wu minen.«

Heine hef up't Mark 'ne Koh verkofft. Nu sitt he in de Weärtschup un drinkt 'n Söpien. Doarbi kick he in de Krante un segg: »Heäremäinschen, sönn Deär woll ick ock wal hebben.«

»Wat is d'r dann?« frog de Weärt.

Hier steht: »Eine Kuh zu verkaufen, die jeden Tag kalben kann.«

24

Hans un Horst bint up Räise un goaht' 's middags in 'ne Weärtschup, üm te etten. »Du Horst,« seg Hans, »wi kunnen wal is Ochsenzunge etten, de hebbe ick noch nojt hat. Men ick hebb al faker höart, dat se heel lecker wesen sall.« »Nee, de ett ick nich. Wat annere int Muul hat hebbt, dat mag ick nich.« »Gut, dann bestells du di 'n paar Äier.«

Minen Neffe Gerrit - sessteen Joahr ault - frög mi kottens, of he token Joahr met 'ne Jugendgruppe noa Frankrik un Spanien föahren duf. Dat sull 'nen Hoap Gäild kosten. Ich hebb em froggt: »Bis du dann al in Emmelkamp west?« »Nee.« »In Gilhus?« »Nee.« »In Wielen - Itterbeck?« »Ock noch nich.« »Dann föahre is eärst met dine Freunde up de Fietse döar unse moje Groafschup un ock is ower de Gräinse noa Denekamp un Oldenzaal. Un wenn du dann ock sölws noch flieteg spoars, dann könn wi van't Harwst noch moal ower dine wide Räise proaten.«

Ick bin blide, dat ick dat Gerrit soa kloar seggt hebbe. He hef minen Roat befolgt, un wenn he nu Tied hef, dann is he met sine Freunde unnerwechens döar unse moje Heimat.

De wide Räise hef he dann wall makt, men dat he d'r nu noch soa van andoan was, dat kann'k nich seggen.

Gert is Rentner wodden. Nu hef he Tied, ock al vöarmiddags met sien Hüntien spezieren te goahn. Gert sit up de Banke in' Stadtpark, sien Fiffi tegen em. Do kump 'ne moje Frau un sett' sick tegen eär. Et is 'n heel dünn Mäinsche un sött schlimm strebanteg ut. »Nemmt dat Hüntien gefallegst van de Banke,« seg se frech. Gert will gin Verdreet bi dat moje Weär un näimp Fiffi up'n Schoat. Men he is helleg up dat freche Schepsel. Wu dat Hüntien noch moal noa de Frau goahn will, seg Gert: »Fiffi, bliewe hier, dat is nix föar di, dat is bloß Butt un Fell.« Dat muß eär wall gar nich paßt hebben, want se hadde Gert heel smeäreg ankecken un was weggoahn. Un Fiffi was blide, dat he weär tegen sinen Baas sitten duff.

»Heinrich, woarüm maks du in de leste Tied de Oagen dichte, wenn du dien Söpien drinks?« »Dat will ick di wall seggen, Jan. De Dokter hef mi roaden, nich meähr soa deep int Glas te kieken.«

Gert will 'n Telegramm stüren an sinen Freund in Hannover. De Mann ant Schalter frogg: »Will i dat nich unnerschriewen?« »Nee,« seg Gert, »denn käint mine Schrift.«

Gert hef 'nen kläinen Burenhoff. Sinen nöachsten Noaber wunnt soawat fiew Kilometer van em off. Hee is heel alleene, nich traut, wu 'm hier ock wall is segg: He is 'nen eenlöpen Mann.

Gert stuttert oareg. Up 'nen Kursus kunnen se em dat nich offwennen. Se hadden em aber roaden, wenn he et is ieleg hadde un nich van de Wöarde off kunn, dann sull he dat singen, wat he seggen woll.

Gert wott 's nachens verschrickt wacker. Denn Stall tegen sien Wunnhus steht in Flammen. He spring ut' Berre, lopp an sien Telefon un ropp de Feuerwehr an. Sinen Namen kann he noch seggen, men dann kump

bloß: » Es - es - es.....« »Nu segge doch, wat d'r is,«
seg denn Feuerwehrhauptmann. Do denkt Gert an
denn Kursus un fang noa de Melodie »Die Eule, die
Eule, die hat....« an te singen: »Es brennt bei mir, es
brennt bei mir, es brennt bei mir, es brennt bei
mir....« »Fiderallala, fiderallala,« sing de Mann van
de Feuerwehr wieder, dräjt sick up de annere Side un
schlapp verdann. He meende, dat Gert weär eene in
de Krone hadde, wat wall mangs bi em pesseärde.

'n annern Dag höarde de Feuerwehr, dat bi Gert
denn Stall offbrannt was. Et Wunnhus hadde nix
offkregen, weil de Wind günsteg stoahn hadde.

Gert is bauld traut. Nu hadde hee teminsten eene, dee
telefoneären kunn, wenn et is ieleg was.

Jan un Dina ut de Aule Piccerij bint acht Dage met
'ne Räisegesellschup in Frankrik. 's oawends kummt
se in Paris an un goaht foart spezieren. »Nu kiek is
an,« seg Dina, »hess du dat wetten, dat se hier ock
noa Ölli boahrt?« »Och, Dina,« seg Jan, »dat is doch
denn Eiffelturm.«

Et is heel dichten Newel, men kann hoaste nich de
Hand vöar de Oagen sehn. Gerrit föahrt met sien
Auto dicht achter 'nen annern, denn up eenmoal
stark bremst, soa dat Gerrit em achter in't Auto
föahrt. See hadden noch Glück, want denn Schaden
was nich groot.

»Woarüm bremse i dann soa stark,« frogg Gerrit.

»Wat sull ick dann anners. Ick bin doch in mine
Garage.«

'nen jungen Mann trefft 'ne aule Frau met 'nen schwoaren Koffer. Hee hef noch wall 'n gut Hatte un frogg, off he helpen sall. O joa, dat will dat aule Mäinsche wall gerne hebben. Noa'n paar hundert Meter seg de Frau: »Soa, hier bin ick in Huus. Nu kann 'k mi wall alleene retten. Men säigt is: Röak i?« »Joa, gerne!« »Ja,« seg de aule Möje, »dat hebb ick mi dacht, wu i minen Koffer drögen. I wassen soa kottöameg. - Besten Dank ock!«

»Wat kann man doch mangs met Geschäinke Fehler maken. To Wihnachten hebb ick mine Frau dat Bökien schonken »Wie spare ich Geld?« »Un wu is di dat goahn, hesse Erfolg hat?«

»Schwieg, ick mag d'r nich van höaren. See drinkt eären Koffi un Tee noch verdann, men ick muß et Röaken un Drinken upgewen.«

Ick hebbe 'nen guden Dokter. Vöareget Joahr hebb ick mien Been an dree Stellen brocken, un hee hef et kloarbracht, dat ick noa twee Moant weär an't Lopen kwamp.«

»Wu is dat dann möglek?«

»Wu ick sine Rechnung kreeg, muß ick mien Auto verkoapen.«

Twee Frauen proat' ower eähre Kinner. »Ick glöawe, ick hebb unsen Hermann wal 'n bettien te streng uptrocken.« »Wu meen i dat?« »Wi hadden kottens Besök, un denn froggde em: »Wu hess du dann?« Hee hadde doarup seggt: »Ick hette Hermann, loat dat.«

Et was foart noa'n lesten Krieg. De Mama was met eähren Sönn Heinrich noa Nethoarn föahrt, woar Heinrich noch nojt west was. Hee was ja ock eärst twalf Joahr ault. Nu wassen se te Foot up de Weg noa Huus. See kwammen in Grastrup an dee Stee, woar de Isenbahn ower de Stroate föahrt. Doar stünd 'n groot Schijld: »Achtung, Geleise!« »Heinrich,« segg de Mama, »kiek is an: Geh leise! Ick will gin Straffe hebben, wi treckt de Schohne ut.« Soa goaht' se wider up Nijnhus an. Do kump eähr 'nen Bekäinden up de Fietse temöte. Hee stigg off un frogg: »Wat do i bäide dann, hebb i uw Bloasen an de Föte lopen?« »Och,« segg de Mama, »ick mag d'r nich van höaren. Doar steht doch 'n Schijld met Geh leise.« »Is dat u Ernst?« »Nee, dat is unse Heinrich, hee hef bloß unse Ernst sine Jasse an.«

Wenn ick nich faste wüss, dat disse Geschichte woahr is, dann döa ick se nich vertellen. Men see is woahr.

Willem un Ferdi wassen gude Freunde, soawat vetteen Joahr ault. See besochden bäide de Rektorschole un hadden altied Undögende in' Kopp. Doarüm wodden se ock wall Max un Moritz nömt.

Willem hadde is moal weär vergetten, sine Scholarbäiten te maken. De Mester was helleg un gaf em wat met' Stöckien vöar'n Eärs. Soa was dat froger.

In de Pause segg Willem to Ferdi: »De Mester sall minen Eärs noch kennenlernen. Van oawend sett ick em 'nen Hoapen up de Fäinsterbanke. Gehs du met?«

Ferdi hadde wall 'n bettien Schrick, men hee woll sinen besten Freund doch nich alleene loaten. Üm acht Ühr - et was in't Winter un al düster - stünnen de bäiden an de Side van et Mesterhuus. Et Spill sull losgoahn, men de Fäinsterbanke was te hoch. Wat nu? »Stell di doar hen, Ferdi,« segg Willem, »dann sett ick mi bi dij up de Schulder.« Soa geseggt - soa gedoan. Willem streept de Buxe noa dale un stigg bi Ferdi up de Schulder. De Höchte paßt. Up eenmoal ropp Ferdi: »Wat döss du doch. De Nacke wott mi ja heel woarm un natt.«

»Du dummen Kerl,« segg Willem, »kanns du dann pupen, sunder te pissen?«

Alle paar Dage kump Jan ower de Gräinse un heff twee Säcke ower de Fietse hangen. »Was haben Sie in den Säcken?« frogg den Kemies. »Sagemell!« De Beamten kiekt noa, et stimmt. Soa geht dat 'n paar Wecke.

Eenes Oawends trefft Jan eenen van de Kemise, denn platt proaten kann, in de Weärtschup. »Nu segge mi is, wat du schmuckels. Sagemell kanns du doch wall nöagerbi kriegen. Ick zeige di bestimmt nich an, up mien Eährenwort, men ick wollt' doch gerne wetten.«

»Ja, dann will ick et dij seggen: Fietsen!«

Karl un Geit wassen schwoare Konkurrenten met eähre Breefduwen. Karl frogg bi Geit an, wuvull Duwen al weärkummen bint. Geit segg: »Vetteg Prozent bint d'r weär.« »Löge doch nich soa,« segg Karl, »du hess doch men datteg Duwen metgewen.«

Dreemoal is Gert al 'n Knoap van de Jasse goahn.
Nu frogg he sine Frau, off denn Knoap d'r weär an is.
»Nee, ick hebb et Knoapsgatt tonäjt.«

De Verkäuferin segg to de Baas: »Doar is 'nen Mann,
denn will wetten, off dissen Pullover inlopp.« »Paßt
he dann?« »Nee, he is 'n bettien te groot.« »Dann
segge, dat he noch inlopp.«

Jan sitt in Väildhusen in de Weärtschup un drinkt
sien Söpien. »Wat ist' doch 'n Spill. Nu stüind mine
Wittwäide doch soa gut, men doar is hoaste gin
Körntien meähr in, de Müschen hebbt alles upfret-
ten. Men ick sall eähr kriegen. Dat peßeärt mij token
Joahr nich weär.« »Wat wis du doar dann tegen
doon? Müschen gef et ock token Joahr.« »Dat weet
ick wall, men ick säje gin Wittwäide weär.«

Vöar de Hochtied froggde de Pestoar de Brut, off he
ower denn Text preeken sull: »Wo du hingehst, da
will ich auch hingehn.« »Lewer nich,« segg de Brut,
»minen Brügum is Breefdreeger.«

Gert was in de Apotheke wesst un hadde Tabletten
haalt tegen Koppseärte. He leggde passend Gäild
hen: Twee Mark. De Aptheker näimp dat Gäild un
segg: »Merci.« (Dat is französisch un hett Danke).

Wu Gert buten is, denkt he ower dat Wort noa.
Woarüm sull de Apotheker wall sönn rar Wort seggt
hebben? Off he helleg was, dat hee bloß föar twee
Mark kofft hadde? Do kump 'nen Noaber van' Apo-
theker verbi, denn Schendoal met em hadde. »Nuw,

Gert, du bis doch nich in de Apotheke wesst?« »Joa,« segg Gert, »dat bin'k. Mine Möje hef Koppseärte, un doarüm hebb ick Tabletten haalt. Men denn Apotheker hef sönn rar Wort seggt, wu ick em twee Mark henleggde. Merßi off soa.« »O Mann,« segg denn Noaber, »dann was he nich gut up di te sprecken. Dat hett soavull wu: Du kanns di utschiten.« Gert is helleg. Wu kann de Apotheker soawat seggen! He treckt de Döare los, kick de Apotheker met grote Oagen an un ropp: »Un du kanns di al lange utmercien.«

Hermann mott 'nen nijen Anzug hebben. De Frau föahrt met, un et durt nich lange, do hebbt se 'nen guden Anzug funnen. Hermann steht in' Laden vöar't Spegel, bekick sick van alle Siden un is tefree, de Frau ock. »Ick mag em wal lien,« segg Hermann to'n Koapmann, »men doar mott noch wat an annert wodden.« »Wat dann?« frogg de Koapmann. Hermann: »Denn Pries!«

In' grot Geschäft segg 'ne Kundin to de Frau an de Kasse: »I hebbt u gistern met füfteg Mark versehn.« »Dat harr i foart seggen mötten, nu is et te late.« »Gut, dat freut mi, dann kann ick dat Gäild ja behollen.«

Kaalchen is't eärste Moal up 'ne Hochtied. »Mama, woarüm hef de Brut 'n witt Kleed an?« »Witt is de Farwe föar Glück un Freude.« Kaalchen: »Un woarüm drogg de Brügum 'nen schwatten Anzug?« De Mama hef doan, as wenn se de Froage nich verstoahn hadde. Wat sull se ock doarup seggen?

Unkel Willem geht in Nijnhus met sinen Neffen Georg - soawat dree Joahr ault - spezieren. Se kummt an 'nen Nijbau verbi, woar 'ne Letter tegen de Müre steht. Söcke kläine Jungs mott' ja alles prebeären, un Georg stig up de Letter. »Georg, nicht weiter, du fällst.« »Nein, Onkel Wilhelm, ich fälle nicht.« »Georg, das heißt nicht »ich fälle«, das heißt »ich falle.« Georg kump van de Letter, un Unkel Willem stig hoch. Do seg dat Jünkien: »Onkel Wilhelm, du fallst.« »Georg, das heißt »du fällst.« De bäiden bint dann wiedergoahn, un Unkel Willem hef dacht, wat dat Jünkien nu wall däinken sull: Deutsche Sprache - schwere Sprache! Wat is't eenfach up platt: Ick falle, du falls, he fallt.

In 'nen Schlachterladen kump 'ne Frau un frogg, off se eähr 'n Stück van acht Pund Speck offschniden könnt. Denn Verköaper legg et up de Tönebanke un will denn Pries utrecken. Do segg de Frau: »Dat is nich nöadeg. Ick bin in Kur wesst un woll bloß wetten, wuvull et is, wat ick offnommen hebbe.«

Harm un Grete bint nijs traut. »Wat meens du, Grete, wenneär du soa gut kocken kanns wu dien Mama?« Grete is nich up'n Kopp fallen, denkt eben noa un segg: »Wenn du soa vull Gäild verdeens wu mien Papa.«

Gert brukt 'nen nijen Brill un geht noa'n Optiker. »Ick kann met minen Brill nich meähr gut sehn un woll wal 'nen nijen hebben.« »Kurzsichtig oder weitsichtig?« »Dat weet ick nich, men up ider Gefall mott he döarsichteg wesen.«

»Keneels,« seg de Mama, »goah eben noa Krabbe un hale 'nen Stuten.Dit Stück reekt nich meähr föar van oawend un morgen froh.« Et Jünkien lopp noa de Backer, kump in' Laden un sött doar dree fine Damen, dee stäil düts proat'. De Backersfrau proat' anners altied platt met em, men nu frogg se: »Was möchtest du denn haben, Cornelius?« Keneels meent, dat he nu ock hochdüts proaten mott un seg: »Ob ich wohl einen Stauzen kreigen kann?« De dree Fraulö wassen soa flieteg an't Töaten, dat se dat gar nich markden. Men de Backersfrau hef em ock in latere Joahren, wu he al höger an was, faker seggt, dat he wall 'nen Stauzen kreigen kunn.

»Friedhelm, wenn du dine Gesellenprüfung as Optiker nich bestehs, dann stell ick di velicht bi de Stadt in,« seg de Borgermester, 'nen Freund van Unkel Willem. Friedhelm denkt doarower noa un frogg noa'n paar Dage, wu hee dat meent hef. »Ja,« seg de Borgermester, denn noch wall gerne Spoaß makt, »de Lö schmiet' soa vull Pepier weg up de Stroate, in' Stadtpark un soa, doarüm bruk wi 'nen Upticker.«

Betze was in Nijnhus geboaren un upwassen. He hadde de Rektorschole besocht un was dann as Leährjunge noa't Amtsgericht kummen. Nu höarde he to de Högern in Ossenbrügge.

Gedüregan was he in Nijnhus, doar höing he an. Dann tröff he ock sinen Freund Walter, denn wall 'nen guden Kerl was, men et lange nich soa wiet bracht hadde. Walter döa altied bedaat an. Wenn ick em is moal tröff un em froggde »Walter, wu geht' di?«, dann sä he gewöhnlek: »Gut, heel gut, ick bin tefree.« Un dat was he ock. Ick glöawe, dat he noa denn Spröck leewde: »Ick arbäite, üm te lewen; men ick lewe nich, üm te arbäiten.«

Nu was Betze d'r is weär, un 's oawends satten de bäiden in de Weärtschup. »Wu is't dann soa, hesse noch Wark?« frogg Betze. »Och joa,« segg Walter, »soa nuw un dann, nich meähr as nöareg. - Dat will ick di seggen, Betze, men kann met nix meähr Tied verknojen as met Warken.«

Ower dat Wort hef Betze, denn in sien heele Lewen harre warkt hadde, faker noadacht un et ock verschäiden Moal vertäilt. »Velicht,« sä hee dann, »was Walter klöker as wi alle tehoape met unse Knojen Dag föar Dag.«

Harm is Bur. Hee dött ock met in de Politik un will gerne wiesen, dat he d'r wat van versteht. 'nen Bekäinden frogg em, wu't met sine Hohner is. »Och,« segg Harm, »et geht soa. Met de Brutalität is't gut, men met de Legalität bin'k nich tefree.«

Ick satt is moal in't Kino tegen 'ne moje Frau met 'ne grote Feäre up'n Hoot. Noa 'ne halwe Stunde dräjt se sick üm un frogg: »Stört meine Hutfeder?« »Nich meähr,« seg Gert, »ick hebb se al offschneen.«

Friedhelm was met sinen Freund Fiffi in't Auto up de Weg noa Östriek, woar se vetteen Dage Urlaub maken wollen. Se kummt ock döar München, un doar goaht'se natürlek ock in't Hofbräuhus, woar't Beär gif in unwies grote Glase. Doarbi wott dann 'nen Radi met Sault etten. Dat Saultpöttien is verstoppt, de Gäties bint dichte. Men de bäiden wett' sick te helpen: Se nemmt 'nen Zahnstocher un makt de Gäties frij. Twee Bayern sitt' bi eähr an den langen Dis un kiekt sick dat an. Do seg denn eenen: »Weißt, Seppel, ich kann die Saupreußen ja auch nicht leiden, aber technisch sind sie uns doch überlegen.«

In Innsbruck wodden de bäiden van 'nen Polizist anhollen. Se sullen söwenteg Stundenkilometer föahrt wesen. Friedhelm satt an't Stür un argerde sick al ower dat Gäild, wat se nu betahlen mussen. Men Fiffi keek denn Polizist heel treu an un sä, dat se in de Nöachte wunnden un noch lange ginne Stunde föahrt wassen. Off dee Mann nu Metgeföhl met de bäide Jungs hadde off wirklek owertügt wodden was, is eenerläi. He sä: »Da haben's recht, fahren's weiter!«

Et was 'nen heeten Sommerdag. De ketholsche Pestoar güng ower de Stroate van Nijnhus noa Loage, do sög he veär nakende Jünkies soa tüschen sess un acht Joahr an de Dinkel lopen. Helleg röp he: »Schämt ihr euch nicht?« Ruck zuck wassen dree Jungs in't Water, men eenen blif stoahn. He kick wal 'n bettien verlegen ut, men he seg gin Wort. Do seg de Pestoar: »Und du? Warum gehst du nicht ins Wasser?« »Herr Pestoar, ick bin evangeels.«

'nen kläinen Jungen reckt sick, men he is te kläin, üm
an de Husklingel te kummen. Do kump 'nen Unkel
verbi, böart em hoch, dat et Jünkien klingeln kann,
un stäilt em weär up de Grund. Do seg denn kläinen
Knoap: »Besten Dank, Unkel, men nu loa we sehn,
dat wi gawwe wegkummt.«

Mien Vader hef mi faker vertäilt, dat de Lö froger te
Foot van Esche noa Nijnhus noa de ketholsche
Karke güngen. Eenege meenden, dat unsen lewen
Herr sick besünners freude, wenn se sick denn Weg
sölws schwoar makden. »Anna,« hadde Albert seggt,
»Söindag do wi Arwten in de Schoo, dann sall unsen
lewen Herr sick freuen.« Soa geseggt - soa gedoan!
Unnerwechens frogg Albert: »Anna, kanns du noch
lopen? Et geht doch schlechter met dee hatte Dinger
in de Schoo.« »Och nee,« segg Anna, »ick lope gut,
ick hebb mine Arwten gistern 'n bettien ankockt.«

In Emmelkamp was 'nen Apotheker, denn d'r be-
käint föar was, dat he de Lö faker helpen kunn, sunder
dat se bi'n Dokter wesst wassen. De Dokters wüssen
dumoals ock al eähr Gäild te nemmen, un de meesten
Lö wassen noch nich in de Krankenkasse. Wenn 'nen
Arbäiter is seggen woll, dat he föar sien Wark nich
vull Gäild nöimp, dann sä he wall is: »Minen Gang is
ginnen Doktersgang.« Denn Proat höart'm vandage
ock noch wall mangs.

Gert hadde al 'n paar Dage schlimme Seärte in't
dicke Fläis van't rechte Been, in de Bille. Doarüm
güng he noa'n Apotheker un vertäilde em sien Lie-
den. »Das kostet zwei Mark, kommen Sie in einer

halben Stünde wieder.« Gert betalde un güng weg. He wunnerde sick nich, dat et 'ne halwe Stunde durde. Dat was altied soa bi de Apothekers. Off et Wark kloar was off nich, 'ne halwe Stunde muß wocht' wodden.

Wu Gert weär in de Apotheke kwamp, was de Baas net in de Achterkamer an't Pillendräjen. He hadde Gert met'n half Oage sehn un rööp: »Dat Ploaster lig up de Tönebanke, nemmt et men met. Un gude Betterschup!«

Wu de Apotheker weär noa vöar kwamp, sög he, dat Gert sien Päckien doar noch lagg, men et fehlde denn Gummitäiler, woar de Lö et Gäild up leggden. »Gert sall em wal trüggebrengen,« dachde hee.

Noa acht Dage kwamp Gert weär. Foart frogg de Apotheker: »Wis du dat Ploaster weärbrengen?« »Nee, up ginnen Fall, et hef best holpen. Et woll nich best klatten, men ick hebb d'r 'n Bäintien üm bunnen, dat et faste satt. Un nu bin ick de Seärte quiet. Unse Bessemoar hef et nu up de Rügge liggen un markt ock al Betterschup. Besten Dank ock!« Bevöar de Apotheker wat seggen kunn, was Gert al wäer buten. He hadde sick bloß bedanken willt.

'n annern Söindag satt de Apotheker in de Karke. Noch nojt hef he denn Text van de Preeke soa faste löawt: »Der Glaube versetzt Berge.«

De Knecht was alleene ut' Hus noa de Karke west. De Pestoar hadde ower et Gleichnis van' Sämann preekt. Bi't Middagetten sull he vertellen, wat de Pestoar seggt hadde. »Och, vandage gaf't nix Besünners. Dat kenn wi alle, he hef bloß ower de Burderij preekt.«

Sess Jungs hebbt 'ne heele Stunde Räuber un Schendarm spöilt. Do seg Jan: »Jungs, nu spöll wi Auto. Ick bin' Metoar un i veäre bint de Rare: Karl vörne links, Johann rechts un achter Heinrich links un Alfred rechts.« »Un icke?« seg Bernd. »Du lopps d'r achteran as Auspuff un stinks.«

Twee äulere Manlö kummt bi'n Apotheker. »Wi hebbt höart, dat i 'n gut Middel hebbt, woar men jung van wott.« Den Apotheker denkt: »U bäide sall ick kriegen!« He gif ider 'ne Fläsche met Rizinusölli un schrif up de Fläsche: Zur Verjüngung. 3 mal täglich 1 Teelöffel.

Wu se buten bint, seg Jan: »Dreemoal dagens, dat durt mi te lange,« un drinkt et Flässien half löög, dat he gawwe jünger wott. 'n annern Dag frog sinen Freund: »Marks du al wat?« »Düfteg! Et geht mi wu 'n kläin Kind. Ich hebb mi gistern oawend al dreemoal in de Buxe makt.«

Bernd lag in Berre un hadde schlimme Seärte in't Krüs. Ock de heete Kruke hölp nix. De Dokter muß kummen. He unnersochde Bernd un sä: »Dee Krankhäit hebbe ick ock mangs. De Kruke un Medizin helpt mi nich. Helpen dött bloß mine Frau, dee sick dann tegen mi leg. Van eähre Wörmte geht de Seärte weg.« Do löcht' Bernd sine Oagen up, un he seg: »Herr Doktor, ick mak't weär gut, et sall uwen Schaden nich wesen. Men loat uwe Frau vandage noch bi mi kummen.«

Vulle Joahren hadde de Nachtwachter in Nethoarn 's nachens bloasen un sungen: »Tien Ühr sleet de Klock, tien Ühr.« Soa was dat ider Stunde in de Nacht. Nu hadde hee gin Tande meähr un kunn nich meähr bloasen. Dat paßde de Lö gar nich.

In' Stadtsroat wodde beslotten, em 'n nij Gebitt maken to loaten. Noa'n paar Wecke kwamp de Rechnung an de Stadt un wodde foart betahlt. Un idermann freude sick, dat et Bloasen nu weär losgoahn kunn. Men et was gin Bloasen te höaren. »Wu kann dat dann,« fröög de Borgermester, »hee hef doch 'n nij Gebitt, un betahlt is et ock. De Nachtwachter sall bi mi kummen.« Tien Menüten later stüind he vöar sinen Baas. »Woarüm wott d'r dann nich bloasen. De heele Stadt wocht' d'r up, un betahlt is dat Gebitt doch ock.«

»Ja, Borgermester, dat is alles in Odder, men de Kusendokter hef mi seggt, ick muß dat Gebitt up ider Gefall 's nachens in Water leggen.«

WORTERKLÄRUNGEN:

allees	= gleich	fröten	= wühlen
areg	= eigenartig	futern	= schimpfen
Arwten	= Erbsen	Gäties	= kleine Löcher
Baas	= Herr, Chef	Gatt	= Loch
Bädler	= Bettler	gawwe	= schnell
begeärlek	= begierig	Geckhäiten	= Späße
Beschüten	= Zwiebäcke	geck met is	= gern leiden mag
Bessevaar	= Großvater	Geck anstecken	= zum besten haben, anschmieren
Biggen	= Ferkel		
bimeka	= beieinander		
bleären	= weinen	gedüregan	= oft
blecken	= schimpfen	glimmlachen	= strahlend lächeln
bliede	= froh		
bräjen	= stricken	Grummel	= Donner
Bumssien	= Bonbon	Handschen	= Handschuhe
buten	= draußen	hellig	= böse
butengewohn	= außergewöhnlich	hoaste	= fast, beinahe
		Hook	= Ecke
Buxe	= Hose	Hüßien	= Klosett
Buxentück	= Hosentasche	Jasse	= Jacke
doaf	= taub	Karmße	= Kirmes
dür	= teuer	Kassen	= Kirschen
Eärappel	= Kartoffeln	Kickert	= Frosch
Eärs	= Gesäß	Kipse	= Mütze
faker	= oft	Kleppe	= Schläge
Feären	= Federn	Knippe	= Geldbörse
Fietse	= Fahrrad	Knippoagen	= Augenzwinkern
Finne	= Geschwür		
Foar	= Futter, auch Fuder	Klünties	= Kandis
		kottens	= kürzlich
foaren	= füttern	kottgedräjt	= kurz angebunden
foart	= sofort		
freesen	= frieren	kottöameg	= kurzatmig
Frote	= Maulwurf	Krante	= Zeitung

Kusendokter	= Zahnarzt	Schött	= Schuß
Kusenkellen	= Zahn-	schweeten	= schwitzen
	schmerzen	seär	= weh
leep	= böse	Seärte	= Schmerzen
liek	= gerade	sekür	= sorgfältig
leu	= faul	sint	= seit
Lögenböis	= Lügner	Söpien	= Schnaps
Lö	= Leute	spijen	= spucken
Meß	= Messer,	Statt	= Schwanz
	auch Mist	strebanteg	= frech
Mester	= Lehrer	sunder	= ohne
Möite	= Mühe	tegen	= neben, gegen
moj	= schön	tegenmeka	= gegeneinander
Möppien	= Keks	tehoape	= zusammen
Müschen	= Spatzen	temöte	= entgegen
nojt	= nie	Tönebanke	= Tresen, Theke
Ossenbrügge	= Osnabrück	traut	= verheiratet
Peäreköttel	= Pferdeäpfel	Tück	= Hosentasche
Pennen-
stöckien	= Federhalter	undögent	= frech
Pottloat	= Bleistift	utmeka	= auseinander
prakkeseären	= nachdenken	vandage	= heute
puchen	= loben	van oawend	= heute abend
quiet wodden	= los werden	Veehdokter	= Tierarzt
quoad	= übel	verbiestert	= erschrocken
Quoatdoon	= Schuld	verdann	= weiter
rar	= eigenartig	verknojen	= vergeuden
Scheäre	= Schere	want	= denn
scheären	= rasieren	warschaun	= warnen
Schendoal	= Lärm	Wicht	= Mädchen
Schepsel	= Weib